마음 안의 섬 하나

박양숙 시집

마음 안의 섬 하나

박양숙 시집

도서출판 두손컴

마음 안의 섬 하나

·

2014

■ 시인의 말

처음의 순수한 마음으로 시작한 시詩 작업은 시간이 더할수록 내 인생에 크나큰 교훈을 주었다.

창작은 곧 살아온 과정이요 뜻이요 미래에 대한 폭넓은 예견도 가지기 때문이다.

그리고 현재에 대한 물음이나 고민보다 멀리 보는 혜안을 가지는 것도 큰 수확이었다.

더불어 함께 하는 삶의 다양한 면모를 보며 나 자신의 미래 지향적인 꿈을 접목시키는 문학은 이제 곧 나의 일상이 되고 있다. 시집 한권을 상재하고 나니 우선 부끄러움이 앞선다. 먼 길을 가기 위한 시작의 첫걸음이라고 생각된다. 곳곳에 지평을 넓히고 있는 봄들의 푸름이 눈부시다.

2014년 봄

저자 박 양 숙

차례

제2부 행복과 불행 사이

제 3 부 산울림의 하늘보기

제4부 나의 면모

제5부 세상은 지금

제 1 부

마음 안의 섬 하나

호수 풍경

누가 불렀을까, 호수의 아침
물소리 가장자리에서
중심을 잃듯
눈부심으로 오는 역광

물 파장 곁에서
동그라미로 웃고 있는
오월의 햇무리와 더불어

새잎 돋는 나무들의 근처에서
둘레로 둘레로 환원되는 저 미소
어디선가 바람에 실려 가는
새소리 하나 정적을 깨우듯
오후를 건너고 있는 노을 무렵
해 기울기로
이방인처럼 서 있는 당신의 안부는

마음 안의 섬 하나

오늘도
섬 언저리 갯바위에서 우는 새여
하늘을 향해 발돋움하는 새여

아무도 미처 셈하지 못한 세월을 읽고
머나먼 영겁의 세월을 입력한 채
바다에 둥지를 튼 섬 하나

멀리 간 그리움을 당겨서
스스로 이웃을 만들어 위로하며
바다 안에 비추이는 자화상을 동무하며
비로소 스스로 깨어나
섬 하나의 황량한 이름으로
간헐적으로 파도에 닿는 아픔이여

오늘도
갯바위에서 종일 우는 새여
하늘을 우러러 발돋움하는 새여
오오
섬 언저리 갯바위에서

조연

오후의 생각들은 늘 아침을 잊고
지나온 생각만큼이나
불편한 시간들을 거느린다
늘 현재를 기리는
우리들의 과거는
가끔씩 이익을 전제로 하지만
아침을 명쾌히 출발한 오늘도
하루를 돋보기로 면밀히 들여다보면
나는 늘 시간에 쫓긴
남을 위한 조연이었다
우울한 하루의 귀가를 서두르며
서로를 이기려 한 자들에게서
나는 얼마만큼의 역할을 했을까
내가 나를 들여다보며
그림자도 없는 노을 속을 걷는다

담쟁이

솜털이 간질이는
달빛 얇은 봄밤
푸른 담쟁이 넝쿨이
유리창을 뚫고 쳐들어올 기세다

야금야금 풀잎을 먹는 누에의 몸짓으로
굵은 힘줄 같은 튼실한 혈관으로
넘어지지 않는 견고한 성벽을 쌓으며
창틀에 매달려
하루를 씨름 중이다

삶의 의미

산다는 것은
꽃에게 물을 주는 것이다
가끔 알맞게 자라는
씨앗들의 발육을 보며
양분과 수분과 햇볕으로
한결같이 정성으로 어루만지기다

산다는 것은
자기에게 물음표 하나 주며
간절한 교훈 하나씩 일깨우며
늘 반성의 기회로
사는 날까지 자기를 가꾸며
남을 배려하는 일이다

무희

오늘도 한 비애처럼
공중을 난다

가냘픈 몸매를 꼭짓점으로 세우고
신기를 감춘 나신으로
세상을 말하는 수화 이야기로

창밖의 달빛 그림자 사이로
꿈속을 헤매이는 시선들

새촘하게 돋는 별 하나와 교신하며
공중곡예로 무르익는 관능의 밤

불꽃놀이

수직의 고요로
잠시 기울기로 머뭇거리다
한 소유를 움켜쥐며
일시의 낙화로
주검을 눕히는 저- 요기

산산 조각난 형체로
일탈을 꿈꾸는 자존심

수직의 상승은
언제나 고요 안에서 일시 평온하다
지리멸렬한 주검으로 산화한다

목련

우윳빛 살결로
다 저무는 하루해 기슭에서
맑고 그윽한 매무새로
꼿꼿이 서 있더니
실바람에 눈물 같이
뚝 떨어지는
저- 눈부신 밀어들

이른 봄

향기와 봄을 함께 섞으면서
타박타박 걷고 싶은 날

연록색의 잎새들이
부지런히 바람에 얹히고
꽃샘바람이 지나고
고통의 뜸을 들이던
하루해도 지나고

마음은 벌써
샘터에 고인 물처럼 안온한데
햇살이 입질하는 푸른 바람 따라
오오, 따스한 피돌기로 오는 봄
모든 것은 햇살 푸르름으로 향기로 돈다

낭설

맨처음의 정리되지 않은 이야기처럼
하나의 의미는 늘 설명을 부추겼다
세월의 주름살 무게만큼 엉긴
낯선 시간이 헤매이는
앙금의 배후는 늘 수수께끼였다
가령 너의 안에서 기생하여
어느 날 나를 갑자기 무너뜨릴
단호한 이유처럼
길 나간 바람들이 돌아올 때까지
애써 침묵하는 이 하루
나는 잉여인간처럼
고통과 풋내 나는 시절의 꿈 하나와
오늘을 표류하는 나를
가만히 내려놓고 있었다

오르가즘

오, 검푸른 7월의 숲
둥근 관능처럼 번뜩이는 녹음의 숲이여
오늘을 과시하듯 아찔한 요기로
지상에 허리를 곧추세우는 저 푸르름
무늬로 무늬로 무수히 일어서는
잎맥들 사이
오늘의 목록들을 과시하듯 팽창하는
새들 무리 서녘 하늘로
몸 옮기는 저녁답
모든 것의 압제에서 벗어나
지층을 건너듯 수로를 따라
하루를 경작하며 모가지를 세우는
저 푸른 7월 숲의 관능이여

태풍

비와 바람을 동반한
불연속선의 태풍
오늘 온 세상을 흔들다

뿌리째 뽑힌 가로수가 널브러진
비포장도로에
세상의 온갖 잡동사니들
처연한 몰골로 팽개쳐져 있다

갈가리 찢겨진 생채기들
눈 부릅뜨고
홀로 서려 안간힘을 쓰는 오후
먹구름 속 햇빛 한 줄기
하느님처럼 거룩한 얼굴로
세계를 들여다보다

산 무지개

비온 뒤
먼 동산으로부터 오르는 꽃무지개
수령 깊은 나무들의 가지마다
빼곡히 얹히는
일곱 색깔의 유혹들

벌 나비들 제 세상인양
풀꽃들과 무리로 어울린 하천가

여우비 건너간 뒤
먼 산언저리마다 놓이던
현란한 그 모습
시름 벗은 오후의 구름들 사이로
반짝이던 일곱 색깔의 유혹들

향수

어촌을 배경으로
고귀한 자태로 웅비하는 학鶴들이
바다 끝과 닿아있는
하늘을 무찔러갔다
부리 고운 물새들이 따라가는
서녘 하늘 기슭의 노을은
바다의 수면을 역광처럼 물들이는데

갯바위 근처 울음 깊은
소리를 들었을까
잠시 옷매무새를 단정히 하고
물금 지는 노을과
먼– 바다의 뱃노래와 어울리며
갯마을의 전설이 되었다

해조음 따라 수평선의 원근에서
혹은 낮은 산기슭에서
하늘의 전령으로
사철 바다로 뜨고 내리는
저 학鶴들의 기품 있는 마을
내 고향 일광면 학리

벽

세상은 만화경인가
직각처럼 치렁치렁 매달려 있는
그리움을 싹둑싹둑 잘라버렸다

허무한 마음 견딜 수 없어
숨이 차도록 유산소운동을 해보지만
마음속 깊이 엉긴 생각들은
도통 속수무책이다
울분과 통곡으로 현재를 극복하려
긴 한숨으로
하늘 한번 우러러 보아도
이렇게 나를 옥죄는 외로움은
더 큰 슬픔으로 온다

철 늦은 가을
창밖엔 맥없이 툭 떨어지는 낙엽 하나
나를 닮아 있다

한 생애

달빛 그늘 아래 귀뚜라미 운다
만남의 꿈을 꾸는지
한 계절의 이별을 통보하는지
우우, 바람에 갇힌
별자리를 헤는 은하수 가득한 밤
저마다 인생의 네비게이션으로
나팔꽃 인생을 만들어가는 오늘도
대청마루 후미진 곳에서
안 보이는 밀어들을 삼키며
새벽을 건너는 귀뚜리 소리 들으며
올곧은 희망 하나를
꿈꾸는 밤
세상의 모든 것은 안 보이는 곳에서
내일의 생애를 더욱 단련시킨다.

제 2 부

행복과 불행 사이

불혹

해거름의 저녁
온 산이 붉은 산 아래서
생인손 앓듯 가슴앓이를 한다

자신의 한계를 보고
낯설어진 세상을 보고
계속되는 일상을 생각하다 멀미를 한다

맨처음의
나를 옮겨간 지난날을 생각하며
아프게 아프게 밀려오는 회한
차 한 잔의 여백이 그리운 저물녘

문득 한 비애처럼
솔숲 푸르른 그늘에서
한 마리 산비둘기가 날았다

비밀 하나

차마 못할 말
평생을 맹세하며 가슴에 담아둔 말
멀리 있는 산처럼
늘 눈으로만 짐직한 말
내 심장에 담아둔 그 말
오늘 어설픈 몸으로
그물의 집처럼 촘촘히 내게로 오다
줄기와 세포와 뿌리를 거느린 채
아무도 오르지 못한 정지선을 뚫고
내게로 오다
독심술로도 그를 이길 수 없듯이
나를 버리고 명상 근처에서
오늘은 그와 어울리다
오, 이 편안한 무한의 자유여

그리움

종일 산모롱이를 유람하던 구름이
노을을 삼키는 해거름쯤
밀물져 오는 그리움으로
내 안에서
몇 개의 가로등 불빛을 꿈꾸게 하네
어느덧 꽃진 자리 꽃대가
다시 꽃으로 피어나고
바람 불던 자리
다시 바람 불어오듯이
아직도 그 공간 어디에 머물고 있는
인연 하나
그윽이 나를 들여다보며
오늘도 무지개로
가슴을 흔들디

정월 대보름

정월 대보름날
횃불을 들고 온 마을을 헤맨다
바람은 얼음장처럼 차가운데
먼 데 사람들은 달집에 불이야의 전각에 모여
한해의 소원을 빌며 허리를 조아리는데
한해를 죄진 사람들도
능청스럽게 비굴하게
고해성사하는 사람들 안에서
넉넉한 마음으로 누리를 밝히는 날
어둠의 과거를 씻고
선연한 세상의 웃머리에서
모두가 하나가 되는 만월의 날
정월 대보름

낙엽들

바람 부는 길에 늙음이 누워 있다
스산한 보도 위
추억을 껴안고 있는 연인들처럼
아직도 체온이 남았을까
아기새들을 날려 보내고
고통 속에 민둥지 껴안아
맥박수 줄어드는 자신을
타인 되어 보듯이

한 줄기 틈새를 지나는
석양의 유언처럼
삶의 지문마저 지우려는 고통의 시간을
아직도
길 위에 회생하지 못할 삶으로 껴안고
몸부림치듯 남긴
체온을 저장시키며
앓고 있는 저 처절한 몸부림이여

언약

물밀듯이 그리운 하루 안에서
마냥 당신을 기려도

종일 햇살이 입질하는 길 쪽으로
눈심지를 돋우어도
당신은 결코 오지 않고

감빛 석양을 바라보며
시간을 재촉하는
소리들만 분주하구나

오늘도
내일의 의미 있는 언약들을 거느리고
하루의 바깥으로 나간다

별

나의 별은
항상 그곳에 머물렀다

낮과 밤이 지나고
계절이 바뀌어도
산등성이 너머
명주실 올올이 풀어 놓은 듯
넓은 가슴의 넉넉함으로
내 가슴에 와 닿는 우주의 그 별 하나
영겁의 세월을 누리를 밝혀주듯
언제나 거울 보듯 청순한 맑음으로
나를 지켜주듯

소싯적부터 그 별은 항상 내 마음 속에 있었다
하루의 신기를 꿈꾸며
언제나 내 안의 길잡이가 될 등댓불처럼

행복과 불행 사이

이것이 불행이다 생각하면서부터
불행은 더욱 덧난다

이것이 행복이다 생각하면
신선한 새벽의 아침처럼
맑고 아름다운 세상이 보인다

마음의 골방에 갇혀
삶의 나침판을 들고 헤매이는 사이
덧없는 시간이 무수히 지나고
마음을 더욱 옥죄는 불행과
마음을 안유케 하는 행복 사이에서

오늘도 우리는 아슬한 미로 같은
한 세상을 짐지고 산다

개화

복사꽃 피는 마을
너무 눈부시어
온 둘레가 어지럼증으로 혼곤하다
산그늘 깊은 곳까지
누리를 밝히며
화사한 불꽃이 되는 신기루
나그네 발길을 멈추게 하는
저- 혼불

고독

지나간 하루를 배웅하며
수없는 질문을 되풀이해 보며
오늘을 돌아봐도
구애의 손길 아득한 곳
앙금을 털어낼 반성은 없구나

쓸쓸한 것들이 모여 외로움을 지키듯
긴 하루해의 터널을 통과하며
눈심지를 닦고 보아도
우울한 하루의 비망록은 지워지지 않듯
새로운 모든 것을 일으킬 나의 궁리는
오늘도 오리무중이다

해바라기 사랑

가을이 무르익어가는 어느 날
고3 학생들 논술시험장
전국에서 구름같이 모여든
학생과 학부모들 안절부절이다

아기새가 먹이를 물고와
어미새에게 한가득 들이켜 주기를 기대하며
시험 보는 교실만 쳐다보고
해넘이의 불노을도 아랑곳없이
묵주를 들고 혹은 기도문을 외며
해바라기 같은 사랑으로
날개 처진 저 어미새들

그림자 깊은 저녁이 와도
신神의 계시처럼 서서
문양으로 얼룩진 초췌한 몰골을 나누며
내일의 해바라기 사랑을 기린다

한마음

그대의 내부는 늘 어수선해서
나는 단호한 법칙처럼
당신의 질서를 세우고 싶다
배후는 늘 미래를 겨냥하고 있겠지만
신앙처럼 완고한 그대 마음속에
부끄러운 언어 하나
화인처럼 남겨두고 싶은 날
오늘도 기별은
내 마음 안에서 우울로 곤혹스럽지만
한 생애를 옮기는 날처럼
어깨 나란히 나란히
당신의 고뇌와 함께
처음의 우리처럼 저물고 싶은 날

어머니의 노동

하얀 서리가 목덜미를 서늘하게 하는
신새벽
목도리 하나 힘겹게 걸치고
자갈치 어시장에 서면
경매사의 수신호 따라
제법 일수가 좋은 날이면
주머니가 두둑해지면 함박웃음 머금고
알토란같은 새끼들 생각에
칭얼대는 파도소리와 더불어
축지법으로 날아오던 울엄마
지금은
알토란같은 그 새끼들 띄엄띄엄 알아보고
가끔은 추억 속에서 길을 잃고 헤매며
눈시울 밝히던
지난 세월 만져보며
혼자서 쓸쓸히 웃고 있겠네

비

빗방울 무료히 서성이는 저녁 무렵
멀리 일찍 온 불빛 하나
새촘하게 세상 보고 있다

하천엔
서로 눈짓을 하며 풀이 쓰러지고
개구리 울음소리들 질펀한 농로길을
누군가 지우산을 쓰고
어둠을 걸어가고 있다

비
비는 내리는데

어쩌면 누군가 생각하고 있을 이별이
한결같이 멀어지고
비, 비는
나그네 친구같이 하염없이 나려
오오, 빈 몸을 세우고 가는 공중의 새여

나의 소통

언어들의 귀를 만진다
문장 안에 나열된
소리들은 늘 이기적이어서
언제나 소통을 어긋나게 하지만
한세월의 난간에서
우리들이 듣는 미래는
어제와 오늘도 장밋빛이다

나를 빛나게 할 소리들은 없는가
투명한 언어에도 균열이 오듯
어떠한 빌미에서도
결코 나를 떠나지 못하는
저 묵묵한 언어들의 측은함
오늘도 소통의 귀를 만지며
세월과 타협하는 시간의 소리를 듣는다

해무

내 어릴 적 해무는 늘 가까이서
온갖 그림자의 형상으로
우리들을 쫓아다녔다
정지된 수평선에 배 하나 오르면
해무는 더욱 낮은 수위를 탐하며
아직도 슬픔을 어루만지며
어촌의 마을을 찾아다녔다
아직 돌아오지 않은 어부들의 안부를 간수하며
위로와 희망 찾기로
어촌 곳곳에 조밀하게 스며들어
사람들의 눈을 일으켰다
먼 곳 바다의 등대를 향해
안 보이는 근육들을 일으키며
온 바다를 점령한 해무를 향해
우리 가시내들은 술래잡기로
종일 해무를 찾아다녔다

제 3 부

산울림의 하늘보기

열쇠

열쇠는 한번쯤 잃어버려야
기억을 챙길 수 있다
세상에 감추어진 비밀의 집
허수아비로 천년을 지킨다 해도
인연 따라 은거해 왔을 비밀의 집

그림자와 그림자 사이에도
간헐적으로 빛이 깃들듯
언제나 하나같이 움직이는
둘만의 오붓한 집
모든 각도에서 빈틈없이 어울려
비로소 신호등 같이 일치한 시간으로만
건널 수 있는 비밀의 집

풀잎들

키 작은 왜소한 풀들이 흔들린다
세월을 어깨동무하며
무성한 녹음을 향해 한 영광처럼
눈부시게 눈부시게 아양으로 나붓댄다
겨울을 혹독하게 앓은
상처들을 외면하고
근처의 나무들 아래서
여울물 맑은 소리로 화답하는
저 맑은 풀잎들의 소리
오월 하늘의 메아리로
기특하게 춤추며
서로를 애틋하게 갈무리하며
날아오르는 새떼들과 더불어
풍경이 되는 오후
풀잎들은 풀잎끼리 어울려
초록의 꿈으로 영근다

갈대

가을 깊은 날
은은한 갈대꽃무리
한 유혹처럼 마음을 흔들다

저리도 여린 몸짓으로
무리로 무리로 일어서
온몸으로 오는 전율

밤 이슥하도록
내 정신의 머리맡을 지키며
우우, 일어서서 바람들 손짓하며
꿈속의 나를 깨우며 달려가는
강변의 가을 깊은 날

나침판

마음의 골방에서
종일을 앓는다
아무 이유도 변명도 없이
괜스레 절망처럼 마음이 추운 날
어쩌면 혼자만의 서러움에
마음을 짐지고 훌쩍 떠나고 싶은 날
세월의 소용돌이 속에
오늘도 아찔한 하루해가 가고
가슴 저미는 가을을 읽는데
순간 모든 의미 없는 것들이
울음 같은 사랑으로
가을을 앓는 골방에서
내일의 나침판을 끊임없이 돌려본다

만추

낙엽들이 가을처럼 우우 몰려다니고
거리는 텅 비어있다
지상의 사람들은
하루를 안절부절하는데
수다가 가득한 잎새들은
천의 바람에 실려
속수무책으로 공중을 휩쓸고 다니는데

생명의 풋내를 받을 때는 언제였던가
존재의 빈틈을 메우는
오금이 저린 틈새로 불려다니는
추락한 생애의 낙엽들을 보며
사철 양지를 가꾸고 있던
온실의 꽃들이 창문을 닫는다

산다는 것

멀리서 보면 호수 같은 바다
다가서면 거친 너울의 파도 되어
배를 삼키려 한다
검푸른 바다는 연신
하얀 거품으로 일어나고
바람 거친 숨소리가
종일 목마를 탄다

한세상
살아간다는 것은
서로를 경계하며 살듯이
오늘을 혼돈하고
태풍의 바다에서 방향계를 놓친
수부처럼 모두들 고통스런 섬 하나
가꾸며 살기다

그러한 날에는

죽고 싶도록 그리운 날에는
고독을 얘기해 보자
뜨거운 피가 마를 때까지
허무한 마음 다 정돈될 때까지

하늘 허리를 흐르는
저 작은 구름송이에
나의 꿈도 상채기도 띄워 보내자

죽고 싶도록
심장이 터질 것만 같은 날에는
시건방을 떨어보자
혼자 토라져
천방지축으로 울어나 보자 웃어나 보자
죽고 싶도록 그리운 날에는

일광 바다

벌거숭이 바다를 유영하는
침묵의 배 하나
유월염천의 땡볕과 씨름하며
골짜기 깊은 바다를 유영하네

해안선에 둥지를 튼 갈매기들은
어느 바다의 절벽으로 떨어지고

먼 바다의 등대가 밀어주는 배 하나
해들이 잠기는 바다를 건져올리며
더욱 깊게 조밀하게 풍경이 되는
일광 바다 학鶴리 부근

산울림의 하늘보기

빈 마음으로 엉킨 실타래를 풀듯이
모든 것은 시작이 중심이 된다
잘못을 숨긴다고
세상에 결코 없어지지 않는 것처럼
아무리 내 소리 높아도
남에게 정성으로 닿을 수 없다면
무슨 소용이랴
혼자라는 빈 둥지에
아무리 나를 가두어도
세상이 외면하지 않듯이
결코 모두를 지울 수 없이
한세상을 살아가는 것
무시로 풍경으로 와 닿는
빼어난 아름다움처럼
나를 스스로 다스려야
비로소 통과하는 간극과 간극 사이
너와 내가 비로소 하나가 되듯이

중년의 시간

순백의 사랑이 황금색으로 채색되고
인생의 긴 여정의 중간쯤에
계절의 중력은 밀려 봉인된 가슴으로
다시 시작하기에는 너무 늦은
아직은 무언가를 끝내기에는
너무 이른 시간이 아닌가

노을빛 사랑으로
인생의 여백을 달래며
삶의 절정에서
결실을 위한 각고의 노력으로
이 밤도 기와집 몇 채를 허물다 지우고
또 다른 변신을 위해
촌음의 시각으로 달려가는
먼 날의 자화상이여

운명

– 시계

째깍째깍 초침이 지나고
은연중 분침도 지나고
누구나 공평하게
한결같이 나누는 시각
누구는 성공으로
누구는 절망과 나락으로
헤매이고 있을 시각
세상에서 다시 오지 않을 그때 그 시각
영구불변의 이치를
스스로 자기를 흔들어 깨우는
저 분주한 교훈 지킴이의
그때 그 시각

신입생

푸르름으로 돋는
나무들 곁으로
고만고만한 매무새를 한
청순한 새내기들이
단정한 언어들로 어울린다
면구스런 표정으로
이곳 저곳을 기울이며
이내 모두가 하나가 되는
캠퍼스 안에서
서로의 질문과 해답을 놓치고도
까르르 웃음소리-
푸른 하늘 한 자락과 어울려
키 높은 나무들 우듬지에서
세상을 보면
3월의 꽃바람과 어울려
모든 것은 초록으로 만원이다

혹한기

모든 꽃은 지리멸렬이다
새순을 올린 꽃대궁도
촉수를 높인 처음의 꽃망울 하나도
어느 날 저온의 온도계 눈금만큼
이를테면
양분과 수분 온도
햇볕의 양지와 같은
현재의 그를 있게 한 절정을
편애한 모든 것의 암흑 같은 날
사람들은 저마다 자기를 단속하며
코트 깃을 세우며
절정의 꽃들의 수다를 생각하며
엄동의 겨울을
지금 빠르게 통과 중이다

나루터

아직도
기다리는 배는 오지 않고
쓸쓸한 하루를 지키고 있는 강나루

근처에 있는 자애로운 시간들과
봄 돋는 풀잎들 고요로 귀 기울이며
나란히로 서있다

하늘을 건너는 유유한 구름들
조금씩 서녘으로 기울면
나무들 스스로 일어서서
노을을 전송하고 있는 강변의 봄

내일의 꽃송이로 다시 태어나려
이파리들 지순하게 곱게 접어서
함께 노을이 되는
저 귀티 나는 풀잎들 사이로
사람들은 쓸쓸한 하루 해를 만지고 있다

비밀

배후는 늘 오리무중이다
그러나
날이 가고 세월 지나면
어느 날 스스로 위장을 벗고
우리 앞에 진실처럼 우뚝 선다

아무것도 가지지 않은 채
벌거벗은 몸뚱이로
우리를 현혹하게 하던
그 말들의 씨앗을 거느린 채

진실은 언제나 밝혀지는 것
머나먼 역사에 영원한 물음표는 결코 없다
잠시 어긋나도 되돌아오는 정의는
늘 우리와 함께 이 세상을 산다

그대 생각

그대 눈 속에 들어가면
세상은 더없이 향기롭고 평안하다

가을이 익어갈 때쯤
그대 등 뒤를 바라보면
움츠린 어깨 토닥이며
위로해줄 언어 하나를 찾게 된다

언제나 세상살이 감읍하며
그대 맑은 눈 속에 들어가면
이글거리는 태양 속에서
서로 하나가 된
먼 날의 우리를 본다

제 4 부

나의 면모

눈

눈이 온다
지상에서 가장 소극적인 것에 대하여
머나먼 곳까지 발길을 놓으며
세상 끝까지 달려갈 것만 같은 눈

억울한 사연이라도 지우듯
온 세상의 모든 더러움을 지우며
눈이 온다

지상에서 가장 거룩한
순백의 무리들을 거느리고
종일 명쾌히 내리는 눈
온 천지에 가득한 눈 눈

그 사람

이글대는 태양의 모습은 아니지만
어느덧 슬며시 내게 자리한 사람
가을날 무료히 곡식 익는 햇볕 같은
맑은 사람 하나

차양으로 은근히 건너오는 양지처럼
이리도 가슴을 허무는데

그림자 깊은 이 하루도
그대 생각하면
언제나 향기로 오는 봄

어쩔 거나
해 뜨고 해 지기의 시간을 점령하며
언제나 밀월로 오는 당신은

회상의 바다

어디선가 무리져 오는 소슬바람에
명상의 소리 귀 기울여 듣는다

이별을 건넌 그리움 하나
목 메인 그 바닷가에 서면
먼 수평선을 저어오는 돛선이
남도의 바람을 동무하며
그대 이름 메아리로 듣던 시절 있었지

이윽고 해안송의 나목들과 어울려
한 시절의 우화처럼 풍경으로 서면
갯바위엔 한 생애의 이별 같은
저문 추억 하나

오늘도 무한 창공을 향해
무시로 그리움의 날개를 단다

뱀

잠시 여우비 건너간 뒤
돌담 밑 구렁이 능청스럽게
햇볕 감고 사라졌다
허물처럼 세월에 감긴 흔적
쓰윽 문지르며
틈사이 미로를 건너
이끼 낀 담장 너머로
저승처럼 하루를 숨겼다

승부의 세계

하루가 그늘질 때까지
우리 근처에 서성이는 희망들을 본다
화두 하나를 거느리고
올빼미 같은 눈으로 종일 씨름하며
하나의 기척을 열어두고
순간을 위해서 포효하는
저– 비애 같은 갈망
하나의 부활을 위해
서로를 견제하는 야망 같은 거
결승점을 통과하기 전에는 아무도 모른다
아직도 애매한 물음하나 갖고
우리를 지키는 희망 하나는

풀꽃

투명한 인사로
풀꽃들이 종일 나붓댄다
하천변에서
바람 부는 대로 수족들을
제각기 나누어가지며
이파리마다 가지는 초록 웃음소리
하늘에 닿아있는 시선들
옹기종기 모여
서로들 키재기하며
하루해가 다가도록
올망졸망 흔들리는 춤사위
오후의 시선들을 붙잡고
그리움으로
종일 나붓대는 수변천의 풀꽃들

손

손이 거룩하게 느껴질 때가 있다
나의 현재와 과거를 모두 기억하고 있는 손
오늘의 나를 있게 한 손
무엇을 거들며 무슨 흔적을 남겼을까
나의 모두를 알고 있는 손
왼손 오른손으로 옮겨지는 정맥들 사이로
한 생애의 기준으로
잠시 멈추어선 시간들을 보며
오늘의 긴장을 놓는 순간
이미 손은 나를 벗어나 있다
무시로 나를 배웅하며 맞이하는 손
거룩한 손들의 영광을 보며
비로소 오늘의 나를 일으킨다

나의 면모

열린 나의 내부는 늘 공평해서
극과 극을 견뎌낸 침묵도 소화하며
더러는 울음 우는 가을 이파리들을 보며
이 시대의 명상도 가진다

그늘이 깊어지는 삶도
착한 꽃송이 하나에도 의미를 가지며
늘 깨어 있는 소통으로
언제나 나를 앞서간다

오랜 지기의 추억처럼
말귀 고요하게 비망록을 챙기듯
오늘도 투명해지는 햇볕 속으로
나의 일체는 여문 생각들로
길 나설 채비로 분주하다

노숙자

허옇게 서리 내리는 머리로
이미 이승을 지난 자신의
혼백상자를 등짐지고
무음의 울음으로 흐느끼며
앞만 쳐다보고 가다가
휙 하고 돌아보는
늙은이의 눈眼에
이십년 지기의 소꿉친구들이
오늘인 듯 풍경으로 선다

잡초

서로를 어깨동무하며
철천지원수처럼 서로를 옭아매며
힘줄로 힘줄로 닿아있는
뿌리들의 피

그 튼실한 사이로
양분들이 저장되고 공기방울도 지난다

우리가 안 보이는 시각에도
서로를 무너뜨리며 포획하며
서로 엉긴 사지로 위풍당당하게
생장하는 야만으로
하루를 산다

재만 남는 세상

언젠가는 모든 것이 떠나고
재만 남는 세상인데
살아온 삶들이 나를 아프게 하는 날
아파트 건너편의 나뭇잎들이
종일 세찬 빗줄기에 젖고 있는데

세상의 때를 모두 씻어 버릴 것 같은 기세로
비는 계속 퍼붓는데
나뭇잎의 작은 이파리들이
떨어지지 않으려 악바리로 안간힘을 쓰는데

헐벗은 마음 벗고 오늘을 기려 보지만
하루를 외면한 가녀린 잎새들이
온종일 비에 젖고 있는 것처럼
모든 것은 뿌리의 재로 남는 한 세상인데

왕바위

세상에 꼿꼿이 서 있는 것들은
위대함과 웅장함으로
정밀을 이기고 있다

내공을 다스린 저 위용으로
억겁의 세월을 다스리며
땅 끝에서 멈추어선
위대한 자존심

나는 그의 앞에서
내장까지 움츠린 채
종일 하늘 아래서
점 하나의 옹졸한 의미로도
공손하였다

열차

산굽이를 돌아가는 열차의 뒤꽁무니를 본다
수많은 근심과 고통과
혹은 열락을 꿈꾸는 모든 것들이 엉겨
직각으로 수직으로 포물선으로 어울리며
자기도취로 죽기 살기로 달리는 시각
아직도 구겨지지 않는
세상의 안쪽으로 길을 내며
오늘의 시간을 헤아리며
아슬한 지형지물을 지나
아득히 먼 지구의 건너편에서
기적으로 오는 눈부신 환희처럼
열차는 지금 시간의 안에서
스스로 화火를 다스리고 있다

양로원

나이 따라 시야도 흐려지고
기억도 혼미해지고
모든 것이 주춤하고
비관보다는 운명이라는 말이
더욱 실감이 나는
한 뼘의 마음 곁에서
지난날을 곧추 세워 봐도
도무지 자기를 찾지 못해
어리둥절해 하며
흐려지는 생각들을
종일 붙잡고 씨름하는 울 안에서
낯선 내일이 더욱 두려워
자기를 감추고 싶은 날

그대를 들여다보기

그대의 눈은
깊디깊은 정淨한 우물 같고
맑고 고요한 호수 같은
무한한 우주를 건너온
옥빛 푸르름이다

그대 마음은
하루를 한결같이 지켜보는
신호등 같고
24시를 셈하는 고독 같은
내 안을 들여다보는 한없는 사랑이다

오오, 오늘도 눈부심으로 오는
그대 곁에서
나는 스스로 그대의 거울이 된다

장맛비

세찬 빗줄기가 빗금을 친다
어느덧 산과 들이 비에 젖고
세상의 때를 모두 벗겨내듯
온천지에 가득한 비
칭가에 매달린 작은 나뭇잎들이
비천한 모습으로 떨고 있다
모진 응어리를 벗겨내듯
온종일을 세차게 비가 내린다

마을과 신작로 그리고 먼 산기슭으로
고행처럼 달려가는 비
빗속에서도 일부의 사람들이
하루의 일과를 들고
시간 타령을 하며
스스로 무너지지 않으려
비를 붙들고 있다

제 5 부

세상은 지금

세상은 지금

잊을 수 없는 사람들 속에서
용서할 수 없는 사람도 함께 산다
의미 없는 말을 들어줄 수 있는 당신과 함께
은혜를 갚아야 할 사람들과
화해하고 싶은 사람들은
세월 따라 떠나고
오늘, 기억에 남아있는 사람들은
언제나 정신의 환유로 떠돈다

마치 풋내 나는 새 생명처럼
가까스로 나를 일으키며
성호를 긋는 나날
외로운 사람과 쓸쓸한 사람이 만나
서로이 마음을 나누며 더불어 함께 할 때처럼
우리는 서로의 근처에서
하나의 운명처럼
아는 듯 모르는 듯 함께 산다

칸나

저 불의 요정
지금 여름 땡볕을 태우는 중이다
요염한 햇무리 깊은 고요를 담아
온몸을 담금질하며
빨강으로 유혹하는
여름 한나절의
터질 것만 같은 용광로
오오, 불이 되는 심장 한 아름

어머니

초록들이 자연으로 돌아가고
오색단풍들이 세상을 치장할 때쯤
이 쓸쓸한 계절을 떠나더니
오늘 49제 날
피붙이 살붙이들의 호곡 들으며
무서운 한파로 찾아오네

찬바람 이리도 쓸쓸한데
못다 한 생전의 이야기
공허한 마음속으로 되뇌어도

기린만큼 세월은 가고
어김없이 도심의 불빛들은 웅성대며
하루를 마감해도
우리들은 또다시 울음 깊은 사연으로
어둡게 어둡게 흔들리겠네

돌밭

크고 작은 돌들이
무리로 엉겨있는 밭두렁을
며칠을 땀 흘리며
돌들을 고르고
무시로 잔돌까지 가리니
마침내 촉촉한 흙들의 얼굴이
햇무리처럼 반짝인다

자신의 변신을 꿈꾸며
안타까이 보낸 세월 뒤돌아보며
얼마나 마음 졸였을까
새순 돋는 초롱초롱한 눈매로
빠안히 올려다보며
벌써부터 초록의 꿈으로
영글어 있는 이른 봄

연말

지나간 생각들이 미래의 길이 되는 것처럼
늦은 명상은 늘 마음 안에서 발돋움한다
한 시절의 추억도 건너간 연말
모든 것이 을씨년스런 거리를 걷는다

이익이 없는 장사처럼 빼앗긴 두려움으로
아무도 관심주지 않는 이 거리
가끔 모이 줍는 새들만 앞서갈 뿐
긴장도 은밀함도 없는 이 거리

송구스럽게도 내일을 미리 열어보지 못한 사람들이
입체적으로 지나고
붉은 해의 노을을 어루만지며
부지런히 내일의 건널목을 지금 통과 중이다

오해

가장 어두운 안쪽에서부터 기생하여
그늘로 어둠으로 옮겨 다니다가
불안한 날갯짓으로
점차 상승하는 적의

소문은 소문을 거들어 승냥이처럼
재빠르고 무서운 눈이 되어
한순간 서로의 심장을 겨눈
얼굴과 표정을 숨긴 언어들의 파편

그림 한 점

어느 화가의 그림인지
너무 거대해서 액자에 넣지 못하고
언제부턴가
얼굴도 가리지 않은 채
자유분방한 태도로
벽면에 기댄 채 24시간을 농성 중이다

화가는 알고 있을까
혼신의 힘으로 그를 입력시킨
정신의 전부를
나그네 바라보는 눈짓으로 옮겨 놓으면
그대로의 하나의 비경이 될 것을
제자리를 찾지 못한 채
지금도 억울한 하루를 유린당하고 있는 그림 한 점
오늘도 기회를 가지지 못한 채
저승처럼 은신 중이다

백화점 풍경

종종걸음으로 밀려왔다가
물결처럼 빠져나가는 인파들
살아있는 생물들처럼 생기 돋는 하루

매장엔 팔도의 사투리들로
아수라장인 바겐세일 기간

홍건한 땀으로
냉기담은 몸으로 헤쳐 나가는 인파들

왕방울 눈으로 어슬렁거리는 남자들 사이로
여자들은 이미 입력된 계산으로
목표를 향해 돌진하며
날카로운 지느러미를 번뜩인다

매미

칠일간의 남은 삶을 위하여
널찍한 이파리에서
혹은 왜소한 나뭇가지를 부여잡고
처절한 장송곡으로 하늘을 찔러댄다

관심을 가져달라며
피 끓는 아우성으로
온몸의 비늘을 곧추세우며
악다구니를 선다

단 하루라도
그저 스쳐가는 바람소리 아닌
바이올린 소리로 들어달라며
소리가 건너는 하늘나라까지
피 끓는 절규로 하루를 산다

한 사랑

그 별은 항상 그 자리에 있었다
나를 그윽하게 지켜보듯
구름에 빗속에 가려져도
온몸을 열어놓고
우주를 건너온 수억 광년의 발광체로
낯선 이방인을 달래듯
깊은 꿈속에서도 나를 허물며
그 별은 항상 내 마음 안에 있었다
결코 못 잊을 한 사랑처럼

소나무

사시장철
흔들리는 육신을 바람에 내어주고
대들보 같은 실한 다리로
세상 풍파 모두 끌어안고 산다

우직한 자태로
굳건하게 한 세상을 지키는 세월

세상사 모두 아는 듯
굳게 다문 입으로
오가는 길손들 마중하며
청정한 푸름으로 지키는 한 생애

밀림

나무들 일제히 하늘을 떠받들고 있구나
근육질의 한 사내처럼
조밀한 공간들을 꽉 채우며
우람한 기개로
빈틈없이 하늘을 가린 장관

가끔 시간을 배웅하는
바람이 알맞게 지나고
햇볕 따스한 양지가 섬처럼 외로운데

모질게 인내한 세월의 바위들
기묘한 조화로
그 혹독한 겨울이야기들을 감추며
오늘도 온 하늘을 가린
야수의 눈으로 지키는 불침번

현재와 미래 사이

살아가며 내내 마음속 깊이
엮어놓은 비밀한 마음
인생 계급장만큼 높고 깊을까

어디쯤 왔을까
황홀하리만치 아름다운 석양 무렵

차 한 잔의 여백에
길은 몸을 풀고 엉거주춤 서 있는데

이정표처럼 세상을 지키는 이곳에서
오늘도 신호등 같은 우울을 만지면

세상 멈추어선 땅 끝에서
현재의 나를 일으키는 나를 본다

혼돈

오늘도 과장된 인식 하나를 갖고
무거운 정적을 지났다
생시의 나를 복원하며
시름 소리 깊은
먼 빛에 대하여 열광하는
나의 수족들과
현재를 은밀히 이야기하며
나를 빼앗기지 않으려
벼랑 끝에서 나를 일으킨다
현재와 나의 미래는 완벽할 것인가
긴 추억 속의 침묵 하나가
지상의 살아있는 모든 것들의 정적 속에서
영겁을 건너온 내부의 소리에
귀 기울이다

당신을 만난다면

당신을 만나면
이슬 머금은 풀잎처럼 생기가 난다

풋풋한 웃음에
심장을 달구는 그리움으로
비로소 삶의 의미를 일깨워준 당신

그 마음 받는 것만으로도 행복해
오늘도 먼 데서의 당신을 기리면
콩콩 뛰는 새가슴이 된다

가령 온전한 세월의 깊이만큼
언제나 내 가슴에 살고 있는
당신을 만난다면

단풍

여울물에 흘러가는 낙엽 하나 본다
소리들을 껴안고
낮은 바람소리와 어울려
자기를 아프게 깨물며
아주 고요하게
산굽이를 돌아가는 낙엽 하나

모든 것은 적요한데
주검을 눕힌 낙엽 하나
애절하게 물 위를 저어간다

기울어진 자기를
혼신의 힘으로 일으키며
거룩하게 위장한 자기를 돌아보며
낮은 물소리에 종일 귀 기울이며
가을을 아프게 아프게
저어간다

| 작품 해설 |

서정시에 접목시킨 아포리즘의 시 세계

– 박양숙 시인의 시 세계를 살피며

시인 최 창 도

서정시에 접목시킨 아포리즘의 시 세계

– 박양숙 시인의 시 세계를 살피며

시인 최 창 도

박양숙 시인의 시집 『마음 안의 섬 하나』는 표제어에서도 언급하듯, 전편에 흐르는 서정시적 시세계를 태생적 자기 환원과 뿌리의 삶에 근거한 자아를 유추하는 과정에서 생활의 면밀한 구조적 형상화를 압축과 절제와 간결미로 승화시키고 있다.

외로움과 고독, 그리움의 한계를 반추하는 내밀한 깊이의 시를 보편적인 삶과 함께 접목시키고 있다.

더구나 마음 안에 내재된 명상적인 요소를 섬島이란 둥지로 명징지음으로써 표류하려는 자신의 꿈과 이상과 미래를 환원시키려는 정신적 지주로 삼으려 하고 있음을 주목하고 싶다. 이제 박양숙 시인의 시세계를 일별해 보며 감상해 보자.

오늘도
섬 언저리 갯바위에서 우는 새여
하늘을 향해 발돋움하는 새여

아무도 미처 셈하지 못한 세월을 읽고
머나먼 영겁의 세월을 입력한 채
바다에 둥지를 튼 섬 하나

멀리 간 그리움을 당겨서
스스로 이웃을 만들어 위로하며
바다 안에 비추이는 자화상을 동무하며
비로소 스스로 깨어나
섬 하나의 황량한 이름으로
간헐적으로 파도에 닿는 아픔이여

오늘도
갯바위에서 종일 우는 새여
하늘을 우러러 발돋움하는 새여
오오
섬 언저리 갯바위에서

——「마음 안의 섬 하나」 전문

시집의 표제시가 된 이 시는 자못 엄숙하며 감동적이다. 자신의 정신적인 주제인 동체를 섬으로 비유하며 자신이 목표한 이상주의적 세상을 향한 언어들의 개연성을 새鳥로 화자한 이 시는 곧, 섬과 새가 동일성과 동질성을 가지는 시너지Synersy 효과로 대단원을 이룬 가편이라고 할 수 있겠다.

섬 하나를 주제로 환상Fantasy적인 변화를 주는 회화적 요소와 의미적 요소가 하나의 공감각적 의미로 마무리 되고 있다.

어쩌면 시인의 현재의 삶과 목표지향적인 희망적 견해를 이루지 못할 때, 혹은 고통과 시련과 인내가 필요할 때 자신만이 갖는 마음 안의 섬 하나를 가꾸며 그 힘든 순간을 여과 순화하며, 후일을 기약하며 자신을 스스로 다스리겠다는 명상적 시 세계의 발상은 단연 압권이다. 자신의 실체인 섬과 새의 동질성을 이분법한 이 시는 3연의 3행 〈바다 안에 비추이는 자화상을 동무하며〉와 함께 이 시의 주조를 이루고 있다.

더불어 동양적인 정서와 일맥 상통하는 주지적 개념을 낭만과 환상적으로 승화시킨 이 시는 어쩌면 자신을 비유한 새를 도입함으로써 현실을 극복하며 초월하는 종교적인 의미도 가진다. 첫연과 의미적 연관성을 가지는 4연의 결구는 참으로 빼어나다 할 것이다.

오늘도 한 비애처럼
공중을 난다

가냘픈 몸매를 꼭짓점으로 세우고
신기를 감춘 나신으로
세상을 말하는 수화 이야기로

창밖의 달빛 그림자 사이로
꿈속을 헤매이는 시선들

새촘하게 돋는 별 하나와 교신하며
공중곡예로 무르익는 관능의 밤

———「무희」 전문

4연 9행의 비교적 짧은 이 시가 주는 의미는 어쩌면 생활을 여미기 위해 새벽을 춤추어야만 하는 무희의 애잔한 비련과 그리고 신기에 가까운 춤사위가 깊은 밤과 절묘한 타이밍을 이룸으로써 세련된 독백체의 모놀로그Monologue로 재생되고 있다.

시각적인 이 시에서 언급되는 수화인 손과 발을 움직이는 춤사위의 모티브Motive가 가지는 늬앙스Nuance는 숨이 멎을 것만 같은 고요와 정적이다. 3연 〈창밖의 달빛 그림자 사이로 / 꿈속을 헤매이는 시선들〉이 바로 그것이다. 밤이 주는 특별한 공간과 정서를 관능적으로 유화한 것은 주제를 더욱 돋보이기 위함일 것이다.

주인공인 무희와 관찰자인 관중이 합일되어 시공을 넘나드는 무아경의 시간을 공유함으로써 시간적인 개념을 초월한 이 시는 탄력적 수사미가 돋보이는 시로 평가할 만하다.

달빛 그늘 아래 귀뚜라미 운다
만남의 꿈을 꾸는지
한 계절의 이별을 통보하는지
우우, 바람에 갇힌
별자리를 헤는 은하수 가득한 밤
저마다 인생의 네비게이션으로
나팔꽃 인생을 만들어가는 오늘도
대청마루 후미진 곳에서
안 보이는 밀어들을 삼키며
새벽을 건너는 귀뚜리 소리 들으며
올곧은 희망 하나를

꿈꾸는 밤
세상의 모든 것은 안 보이는 곳에서
내일의 생애를 더욱 단련시킨다.

———「한 생애」 전문

고즈넉한 가을밤 귀뚜리의 울음소리를 들으며 어쩌면 한 해가 또 저물어 가는 순간, 주어진 운명 속의 세월과 한 세상을 다시 한번 유추해 보는 이 시는 직유시이면서도 시사하는 바가 크다고 할 것이다.

즉, 안 보이는 대청마루 후미진 곳에서 쓸쓸하게 일생을 마감하며 울음우는 귀뚜리와는 달리 우리 인간들은 삶을 유지하기 위해, 안 보이는 곳에서도 내일을 기약하기 위한 새로운 각오와 목표지향적인 희망과 비전들을 거느리며 더욱 자기를 단련시켜야만 현대를 경쟁할 수 있다는 사실적 의미의 시어의 함축은 매우 교훈적이다.

마치 의인화personitication로 인간을 대별시킨 조금은 우화적인 이 시가 갖는 의미는 보이는 곳보다 안 보이는 곳에서 이루어지는 모든 것의 생성과 소멸에 더욱 유념해야 한다는 상징성도 더욱 높이 가지려는 것이다.

맨 끝연의 2행 〈세상의 모든 것은 안 보이는 곳에서/ 내일의 생애를 더욱 단련시킨다〉가 바로 그것이다.

하얀 서리가 목덜미를 서늘하게 하는
신새벽

목도리 하나 힘겹게 걸치고
자갈치 어시장에 서면
경매사의 수신호 따라
제법 일수가 좋은 날이면
주머니가 두둑해지면 함박웃음 머금고
알토란같은 새끼들 생각에
칭얼대는 파도소리와 더불어
축지법으로 날아오던 울엄마
지금은
알토란같은 그 새끼들 띄엄띄엄 알아보고
가끔은 추억 속에서 길을 잃고 헤매며
눈시울 밝히던
지난 세월 만져보며
혼자서 쓸쓸히 웃고 있겠네

——「어머니의 노동」 전문

삶의 현장을 회고한 시로 자못 가슴 뭉클한 시다. 언어의 유희나 난해성 없이 소박한 시어로 적절한 소재를 적재적소에 배분한 것이 이 시를 더욱 명료히 하고 있다고 보아진다.

경험한 현실적 세월을 직시했기 때문에 가능한 것으로 믿어진다. 누구나 부모에 대한 그리움과 존경심은 있겠으나 모성에 대한 각별한 추억을 여과없이 표징한 이 시는 우리 민족이 가지는 유가풍의 자식사랑에 대한 각별한 의미적 요소로 환원되고 있다.

지금도 현재진행형인 것처럼 연결성을 지니는 시행의 전개를 비연시로 한 것과 결구를 명징짓지 않고 연속성을 도모한 것은 시인의 역량에서 오는 수확일 것이다.

그리고 삶을 사는 동안 마음 안의 정신적인 하나의 지고한 삶의 존중으로 지금도 생활의 지표로 환원되는 어머니에 대한 사랑이 하나의 서사시적인 영역까지 근접한 시간적 세월적 연대를 공유함으로써, 감성에 젖게 하는 이 시는 시행 하나마다 그윽한 가족 사랑도 함께 지니는 인간애적인 면모도 지니는 탁월한 시로 승화되고 있다.

어떠한 과장법Hyperbole이나 특징성의 수사법 없이 마치 주제를 스케치하듯 유화한 것이 더욱 감동을 주고 있다. 특히 10행의 〈축지법으로 날아오던 울엄마〉란 신선한 표현미로 현장감각을 살린 점을 높이 사고 싶다.

그리고 후반부에서 어떤 병환이나 노환에 있는 어머니의 현재를 조금은 해학Humor과 풍자Sative로 은유한 것이 시의 적절한 효심으로 재생 표징되고 있어 더욱 감동적인 시로 자리매김하고 있다.

멀리서 보면 호수 같은 바다
다가서면 거친 너울의 파도 되어
배를 삼키려 한다
검푸른 바다는 연신
하얀 거품으로 일어나고
바람 거친 숨소리가
종일 목마를 탄다

한세상

살아간다는 것은
서로를 경계하며 살듯이
오늘을 혼돈하고
태풍의 바다에서 방향계를 놓친
수부처럼 모두들 고통스런 섬 하나
가꾸며 살기다

———「산다는 것」 전문

흔히 인문학이나 철학을 전제하지 않더라도 우리의 삶은 수명이 다할 때까지 사람이란 본분에서 일탈하기 어렵고 생生을 위한 긴장성은 결코 늦출 수는 없는 것이다.

이 시에서 언급되는 '학' 과 '바다' 는 인간이 살아가는 세상을 폭넓게 은유Metaphor하고 있다.

전반부와 후반부를 각기 7행씩으로 나눈 이 시는 주지적 삶을 교훈적 삶으로 여과한 시로, 전반부를 일생을 사는 동안 겪게 되는 수많은 인내와 고통과 고난, 그리고 경쟁과 삶을 모티브Motive로 적나라하게 언급했다면, 후반부는 혼돈의 이 시대를 결코 예측할 수 없는 방향계, 즉, 나침판이 없어도 각기 마음안에 내재된 자신감과 존재감으로 대변될 수 있는 유토피아Utopia적 삶을 말함이다. 즉, 자신을 가꾸며 결코 현재를 타협하기나 실기하지 않고 어떤 목적의식을 실현하기 위해 의연하게 살아가는 개연성을 주문하고 있는 주지시이다.

후반부 5행에 방향계를 도입한 것은 특히 목적의식을 상실하거나 타의에 의해서 실종되는 예측불가의 상황이라도 결코 포기하지 말고, 또다른 성역을 마음 안에 가꾸며 어떤 상황이든 자신을 복원하려고 애소하고 있는 싯귀로 이 시를 더욱 빛내고 있다.

빈 마음으로 엉킨 실타래를 풀듯이
모든 것은 시작이 중심이 된다
잘못을 숨긴다고
세상에 결코 없어지지 않는 것처럼
아무리 내 소리 높아도
남에게 정성으로 닿을 수 없다면
무슨 소용이랴
혼자라는 빈 둥지에
아무리 나를 가두어도
세상이 외면하지 않듯이
결코 모두를 지울 수 없이
한세상을 살아가는 것
무시로 풍경으로 와 닿는
빼어난 아름다움처럼
나를 스스로 다스려야
비로소 통과하는 간극과 간극 사이
너와 내가 비로소 하나가 되듯이

———「산울림의 하늘보기」 전문

첫 행과 둘째행 〈빈 마음으로 엉킨 실타래를 풀듯이/ 모든 것은 시작이 중심이 된다〉는 인간만이 가지는 삶의 한 질곡으로 더불어 공존하며 살아도, 서로가 가지는 생을 영위하기 위한 다양한 면모로 이룩되는 인간의 관계와 인연을 회자한 것으로, 종국에는 모든 것을 상대적으로 비움으로써 서로를 신뢰하는 믿음이 되고 보다 향상된 내일의 생을 지향할 수 있는 원초적인 발아가 된다는 의미적 요소를 삽입함으로써 이 시의 근간이 되는 모티브를 풀어가고 있다.

초월주의의 상상력을 매개체로 인간의 인연과 관계를 사실적 의미로 대비시키며 하나의 조화로 운용 생성되는 우리들의 삶의 높이는 서로의 소통이라고 매우 심플Simple하게 주장하는 이 시는 궁극적으로 나를 우선 비움으로써 더욱 빛나는 생애의 가치관을 확립할 수 있다고 명징짓고 있다.

서로의 관계 형성이 곧 하나가 되는 미래의 희망적 견해라고 주지시키는 시인의 현재까지의 인생수련을 열거법 형식으로 논리적 비약을 삼간 채 체험적 삶을 잘 재련된 간결한 시어로 수사하고 있는 것이 참으로 발군이다.

시의 산만성을 극복한 이 시는 진실성Reality으로 전혀 거부감이 없는 잠언시로 성공하고 있다. 더불어 공존하는 인간의 삶의 한 표준을 직시한 시로 평가할 만하다.

어디선가 무리져 오는 소슬바람에
명상의 소리 귀 기울여 듣는다

이별을 건넌 그리움 하나
목 메인 그 바닷가에 서면
먼 수평선을 저어오는 돛선이

남도의 바람을 동무하며
그대 이름 메아리로 듣던 시절 있었지

이윽고 해안송의 나목들과 어울려
한 시절의 우화처럼 풍경으로 서면
갯바위엔 한 생애의 이별 같은
저문 추억 하나

오늘도 무한 창공을 향해
무시로 그리움의 날개를 단다

———「회상의 바다」 전문

소싯적 바닷가에서의 회상을 추구한 회고적 시로 우선 맑고 간결한 영상미까지 갖추고 있다. 서정시Lyicism의 변화를 추구하는 수사와 묘사의 연결성과 동질성을 가지는 이미지Image로 우선 발상과 과정, 그리고 절정을 이끄는 솜씨가 참으로 눈부시다.

어쩌면 시는 소통의 문학이다. 다시 말하자면 아무리 빼어난 발상과 시어들을 나열하고 대단한 의미적 요소로 귀결된다고 하더라도 시작과 연계된 일련의 싯적 배열과 마무리가 일맥소통되지 않고 서로의 연관성이 결여된다면 결코 좋은 시로 자리매김할 수 없는 것이다.

바닷가에서 태어난 시인의 소싯적 꿈과 명상과 그리고 세월과 더불어 성숙하는 과정과 어느덧 지천명의 시인의 삶이 그 바닷가의 추억으로 재생된 이 시가 가지는 의미는 자못 감동적이다.

3연 맨끝인 4행과 4연으로 이어지는 〈저문 추억 하나// 오늘도 무한 창공을 향해/ 무시로 그리움의 날개를 단다〉는 인간만이 가지는 휴머니즘의 일환으로 이해의 폭을 넓히려는 노스탤지어Nostalgia에서 오는 공감각적인 마무리일 것이다.

허옇게 서리 내리는 머리로
이미 이승을 지난 자신의
혼백상자를 등짐지고
무음의 울음으로 흐느끼며
앞만 쳐다보고 가다가
휙 하고 돌아보는
늙은이의 눈眼에
이십년 지기의 소꿉친구들이
오늘인 듯 풍경으로 선다

———「노숙자」 전문

불과 9행의 이 짧은 비연시가 주는 의미는 너무나 현장 감각이 뛰어나다고 할 것이다. 1연의 〈허옇게 서리 내리는 머리로〉의 정신과 육체가 피폐해진 몰골의 노숙자의 모습과 예단할 수 없는 미래와, 그리고 잠시 스쳐 지나가듯한 청운의 꿈으로 설레던 지난 시절의 세월적 정황을 삼위일체로 눈부신 구성의 묘를 살리고 있다.

현재의 노숙자를 이미 인생을 포기한 삶으로 비유한 3행 〈혼백상자를 등짐지고〉와 마지막 3행 〈늙은이의 눈眼에/ 이십년 지기의 소꿉친구들이/ 오늘인 듯 풍경으로 선다〉는 참으로 눈시울을 붉게 하는 시의적절한 묘사이며, 앞뒤의 시행의 연관성을 절정으로 이끈 타이밍으로 이 시를 더욱 눈부시게 하고 있다.

어쩌면 철저한 삶으로 무너져내린 이 시대의 좌절한 한 인생에 대해 공시적共時的 효과를 도입한 것으로 볼 수 있겠다. 인간애적인 이 시가 주는 이미지는 어쩌면 절망과 허무로 대안이 없는 이 시대와 함께하는 우리들의 이웃을 비유하고 있어 더욱 애잔한 마음을 갖게 하는 시이다.

저 불의 요정
지금 여름 땡볕을 태우는 중이다
요염한 햇무리 깊은 고요를 담아
온몸을 담금질하며
빨강으로 유혹하는
여름 한나절의
터질 것만 같은 용광로
오오, 불이 되는 심장 한 아름

———「칸나」 전문

전연에 걸쳐 관능미가 넘치는 이 시는 참으로 역동적 Dynamic이다. 긴장감을 더욱 절정으로 이끄는 점층법이 돋보이는 시로 정열과 저항적 탐미적 수사와 묘사가 일미를 더하고 있는 시이다. '칸나'란 꽃은 너무나 진하고 매혹적인 빨강 꽃으로 흔히 정열의 화신으로 일컫는다. '불', '땡볕', '빨강', '용광로' 등을 시행마다 적절히 운용함으로써 '칸나'라는 표제어의 정열과 사랑, 관능을 이루는 대단원의 극치미를 이루고 있다.

마지막 결구인 〈오오, 불이 되는 심장 한 아름〉은 이 시의 전연을 함축한 빼어난 절귀로 평가할 만하다.

이상에서 언급한 박양숙 시인의 시는 비교적 짧은 시로 내밀한 깊이보다는 현실적 포용력을 가지는 시어들을 주축으로, 압축과 절제를 통한 발상과 전환을 통해 이해의 폭을 넓히는 내용미가 주류를 이루는 다양한 면모의 시들을 선보이고 있다.

더욱 정진하여 좋은 시들을 연마하면 보다 오랜 수명을 가지는 시들로 더욱 발전적 의미의 문학적 가치를 높이는 시인으로 자리매김할 것이라 믿는다.

마음 안의 섬 하나

박양숙 시집

인쇄일 | 2014년 2월 17일
발행일 | 2014년 2월 28일
지은이 | 박양숙
펴낸이 | 최장락
펴낸곳 | 도서출판 두손컴
주　소 | 부산광역시 부산진구 부전로 35. 301호(부전동, 삼성빌딩)
전화 : (051)805-8002 팩스 : (051)805-8045
이메일 : doosoncomm@daum.net
출판등록 제329-1997-13호

값 10,000원

ISBN 978-89-97083-87-9 03810

이 도서의 국립중앙도서관 출판시도서목록(CIP)은 서지정보유통지원시스템 홈페이지(http://seoji.nl.go.kr)와 국가자료공동목록시스템(http://www.nl.go.kr/kolisnet)에서 이용하실 수 있습니다. (CIP제어번호: CIP2014005538)